ANKE PRECHT

GEDANKEN für den MÜLLEIMER

Grübel-Ballast und anderen Schrott im Kopf entsorgen

INHALT

BEREIT FÜR EINEN FREIEN KOPF?

Abends die Augen zumachen, den Atem spüren und entspannt einschlafen? Einen Fehler machen und ihn gelassen korrigieren? Kreative, positive Gedanken, zielführend und friedlich? Selbstvorwürfe? Fehlanzeige! Ärger? Iwo! Grübeln? Lange her! Utopie? Nein! Es gibt Menschen, die erleben das täglich. Und du kannst das auch – in diesem Buch erfährst du, wie. Wir reisen zusammen in deinen Kopf und räumen dort auf. Denn 95 Prozent dessen, was Menschen tagtäglich tun, tun sie aufgrund alter »Fernsteuerungen«. Gewohnheiten und typische Gedanken entscheiden darüber, was du entscheidest und tust. Es ist Zeit, das zu ändern. Zeit, frei zu entscheiden, was du wirklich willst. Was du denken und fühlen willst. Wie du leben willst. Denn Gedanken werden zu Gefühlen. Gefühle werden zu Handeln. Handeln wird zu Gewohnheiten – und diese werden zu deinem Schicksal. Dieses Buch hilft dir, unnützes inneres Gerümpel über Bord zu werfen, das dir das Leben schon viel zu lange schwer gemacht hat.

WAS SIND GEDANKEN EIGENTLICH?

Gedanken sind Text im Kopf. Selbstgespräche, denen wir meistens glauben. Dass viele davon sich ständig wiederholen, liegt in der Natur unseres Gehirns. Es ist ein Wiederholungstäter. Denn die Netzwerke der Nervenzellen werden durch Erfahrungen gebildet. So entsteht erst ein Trampelpfad, der dann aber mit der Zeit so breit wird wie eine Autobahn. Steht eine »Reise« an, nutzt das Gehirn am liebsten diese Autobahn – wie ein Navi, das vor langer Zeit, oft schon in der Kindheit, programmiert und seitdem nicht mehr aktualisiert wurde. Sein Ziel: die Komfortzone. Seine Intention: möglichst wenig ändern.

DU BIST VIEL MEHR ALS DEINE GEDANKEN

Es ist ernüchternd, aber die Mehrzahl unserer Gedanken strebt nicht nach vorn und ist wenig kreativ. Klar, es gibt auch tolle Gedanken. Geistesblitze und Eingebungen. Und wer sie nutzt, ist eindeutig im Vorteil. Meistens verhallen diese guten Einfälle aber ungehört, weil das gewohnte Grundrauschen sie schlichtweg überdeckt. Genau das gehen wir nun zusammen an: Das Grundrauschen runterdrehen. Blöde Gedanken ausbremsen. Stärkende Gedanken stärken. Die Übungen, Checklisten und Rituale, die du in diesem Buch findest, helfen dir, ganz bestimmte Gedanken für immer zu verabschieden. Einige der Listen findest du auch als **Downloads** auf meiner Webseite (siehe Seite 95). Achte auf dieses **Symbol**: 

Fang da an, wo es dich hinzieht. Die Reihenfolge ist unwichtig. Viel wichtiger ist, dass du überhaupt startest. Du brauchst für jeden Abschnitt nur wenig Zeit, um dich schon bald freier und leichter zu fühlen, besser zu schlafen, dich weniger zu ärgern, dich weniger schuldig zu fühlen und dein Leben immer mehr im Hier und Jetzt zu verbringen anstatt in der Scheinwelt deiner Gedanken. Darum geht es.

Ich wünsche dir eine gute Reise. Anschnallen brauchst du dich nicht. Es geht schon los.

Deine Anke Precht

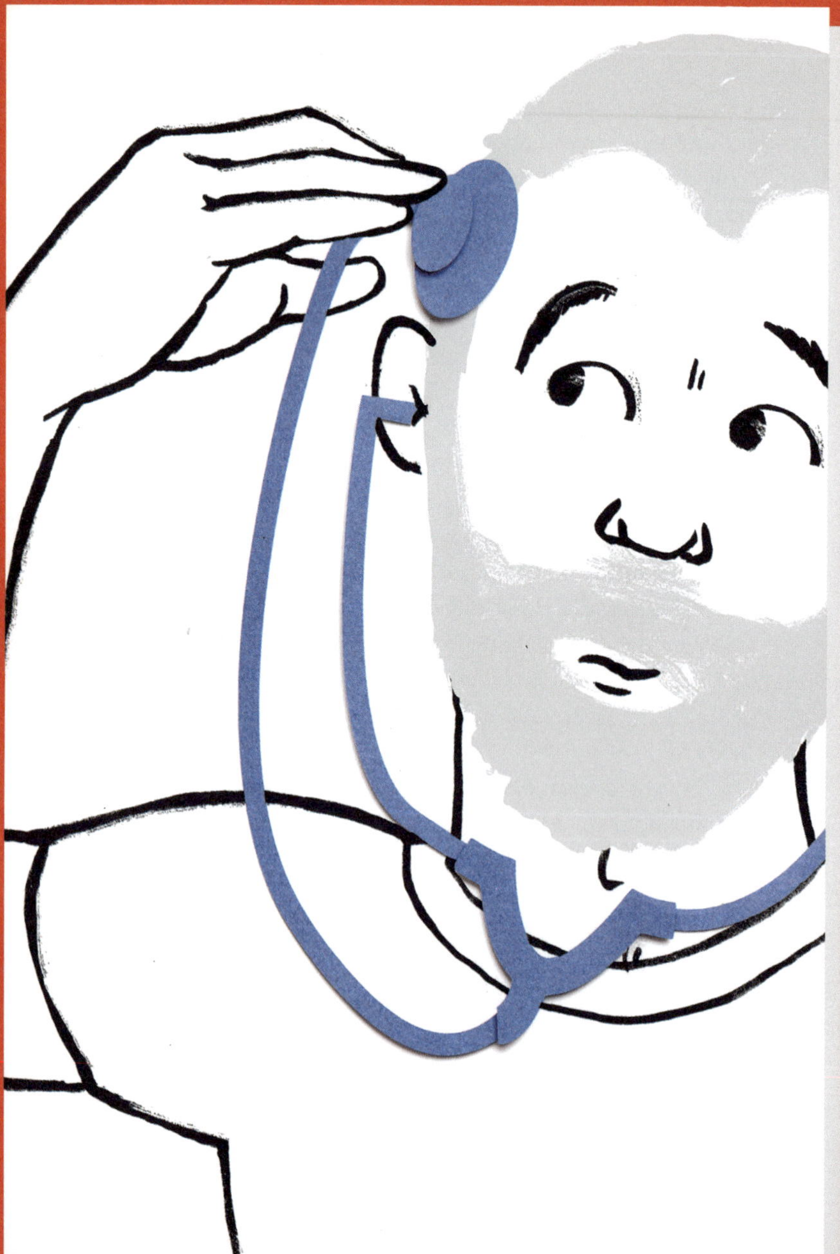

ERSTE-HILFE-KOFFER GEGEN GEDANKENSTRESS

Ganz ohne Achtsamkeit geht es nicht. Auch nicht in einem Buch über Gedanken. Oder vielleicht sogar gerade in einem Buch über Gedanken.

Der Großteil der vielen Tausend Gedanken, die tagtäglich durch unseren Kopf rasen, passieren ihn unterhalb der Bewusstseinsschwelle. Oder kannst du jetzt im Moment rekapitulieren, welche Gedanken du in der gerade vergangenen Minute hattest? Vermutlich nicht – und da geht es dir wie den allermeisten Menschen.

Doch so schnell Gedanken auch verfliegen: Sie haben ganz weitreichende Wirkungen. Sie beeinflussen unsere Stimmung genauso wie unsere Entscheidungen. Sie sorgen dafür, dass wir gut schlafen können. Oder auch nicht. Vor allem aber begleiten sie uns nahezu rund um die Uhr – oft ohne dass wir es überhaupt wahrnehmen.

Nur gelegentlich schwappen Gedanken ganz klar in unser Bewusstsein. Und meistens sind das dann ausgerechnet diejenigen Gedanken, die uns nerven oder beunruhigen. Wir bemerken also eher die weniger positiven Gedanken. Eigentlich vor allem sie. Und als wäre das nicht schon schlimm genug, haben diese Gedanken oft gleich noch eine ganze Armada von anderen negativen Gedanken im Schlepptau, die sich zu einem wahren Gedankenstrudel formen.

Mein 60-Sekunden-Gedankenprotokoll

DOOFE GEDANKEN? REGISTRIEREN – UND TSCHÜSS!

Wenn du dein Gehirn »aufräumen« willst, solltest du erst einmal wissen, was überhaupt so alles darin herumfliegt. Deshalb geht es im ersten Schritt zu mehr Gedankenfreiheit darum, dir einen Überblick zu verschaffen. Das kannst du in kleinen Übungseinheiten tun: Hör deinem Gehirn einfach mal eine Minute beim Quatschen zu.
Ein Gedankenprotokoll hilft dir dabei. Dafür stellst du einen Timer auf eine Minute und schreibst in dieser Minute alles auf, was dir durch den Kopf geht. Du wirst dich wundern, wie banal das meist ist. Bei mir stand zum Beispiel mal: »Was für eine blöde Übung. Was soll mir denn dazu einfallen? Ich muss Kuchen backen für morgen. Habe ich genug Nüsse? Mann, ist das banal. Wie viel Zeit habe ich noch? Nicht schauen, ich soll ja schreiben … Gerade hinsetzen. Der Nacken tut weh.« Dann hat der Timer geklingelt und mich erlöst. Bittere Erkenntnis: Nicht viel Brauchbares in meinem Gedankensalat.
Der Sinn der Übung ist aber auch gar nicht, weltverändernde Gedanken bei ihrer Reise durch den Kopf zu erwischen. Stattdessen trainierst du mit ihr deine Fähigkeit zur Gedankenbeobachtung. Mein Tipp: Mache die Übung einen Monat lang täglich einmal. Am besten nimmst du dafür ein kleines Schreibheft. Du kannst aber auch die Seite links in den Downloads herunterladen (wo genau du diese findest, erfährst du auf Seite 95) und immer wieder für dich nutzen. Wenn nichts Brauchbares auf dem Blatt steht, wirfst du es danach einfach

weg. Sollte sich doch mal ein spannender Gedanke zeigen: Herzlichen Glückwunsch!
Du bist bereit für den zweiten Schritt? Dann geht es jetzt nicht mehr nur darum, die Gedanken, die auftauchen, zu bemerken, sondern auch richtig mit ihnen umzugehen. Sie sind wie Wölkchen am Himmel, die du bemerkst und dann weiterziehen lässt. Das heißt: Du registrierst sie, sagst »Hallo« zu ihnen und lässt sie ziehen. Mache dir keine Gedanken über deine Gedanken! Das würde sie nur mit Energie versorgen und stark machen. Und genau das willst du ja nicht mehr.
Die Fähigkeit, Gedanken keine Energie mehr zu schenken und sie damit abzuschwächen, braucht regelmäßiges Training. Mir hat dabei geholfen, dass ich mir besonders klebrige Gedanken wie einen lästigen Nachbarn vorgestellt habe, der am Gartenzaun steht, wenn ich aus dem Haus komme, und der mir ein Gespräch aufs Auge drücken möchte. Es bringt nichts, mich in das Gespräch verwickeln zu lassen. Es bringt aber genauso wenig, ihn einfach zu ignorieren. Dann fängt er nämlich an laut zu rufen, um sich bemerkbar zu machen. Also grüße ich ihn eben freundlich, wünsche ihm einen schönen Tag und gehe dann einfach weiter – ein freundliches Lächeln auf den Lippen.
Wenn du deine Gedanken nun beobachtest, stelle sie dir genau so vor: Sie sind Phänomene ohne Bedeutung, die du freundlich anschaust und weiterziehen lassen kannst.

LÄSTIGE GEDANKEN
kannst du einfach freundlich weglächeln!

SO SCHLÄGST DU DEINEM HIRN EIN SCHNIPPCHEN

Einfach mal nichts zu denken, das wäre doch schön. Aber so einfach ist es leider nicht. Denn wenn du denkst »Ich will nichts denken!«, denkst du ja schon wieder. Sackgasse! Die Lösung liegt woanders: im Hier und Jetzt.

Konkret heißt das: Wenn du dich mit dem Hier und Jetzt verbindest, bist du aus dem Denken raus – jedenfalls für den Moment. Denken beschäftigt sich mit etwas, es bewertet es und sortiert es irgendwohin, indem es ihm eine Bedeutung gibt. Im Hier und Jetzt sein dagegen heißt: wahrnehmen, was ist, ohne es zu bewerten.

In der Meditation versuchen wir genau diesen Zustand zu erreichen, deshalb hilft sie prima gegen zu viel Denken. Du kannst nur entweder denken oder wahrnehmen und präsent sein. Beides gleichzeitig geht nicht. Deshalb ist bewusste Wahrnehmung das beste Stoppschild gegen das Denken.

STOPP IM HIER UND JETZT!

Ich liebe die folgende Übung, weil du nur deine Sinne für sie brauchst. Ganz egal, wo und wann. Es ist die wundervolle Wahrnehmungsübung. Am besten trainierst du die ersten Male mit offenen Augen, bis du die einzelnen Etappen auswendig kannst. Danach übst du bis zur letzten Etappe mit geschlossenen Augen – ruhig ein paarmal am Tag, jeweils eine Minute. Nach ein paar Wochen, wenn du Routine hast, kannst du die Übung so gut wie überall erfolgreich anwenden: im Bus, bei der Arbeit, am Schreibtisch … So kannst du jederzeit ein paar Sekunden abtauchen und dich im Hier und Jetzt neu verorten. Die Gedanken, die dich bis dahin geplagt haben, werden dadurch unterbrochen.

Die wundervolle Wahrnehmungsübung

Nimm alles wahr, was ist. Ganz ohne zu werten. Es ist. Das reicht.

→ ***Intensiv lauschen:*** *Welche Geräusche sind zu hören – in der Nähe und aus der Ferne?*

→ ***Riechen und schmecken:*** *Was bemerkst du? Wie schmeckt es gerade im Mund?*

→ ***Druck fühlen:*** *Wie liegt die Kleidung auf der Haut auf? Wo ist sie eng, wo weit? Wie spürst du deine Schuhe, deine Brille, deinen Schmuck, deine Haare? Den Stuhl, auf dem du sitzt …?*

→ ***Temperatur wahrnehmen:*** *Wie ist sie auf der Haut und im Körper? Überall gleich oder unterschiedlich?*

→ ***Herzschlag wahrnehmen:*** *Wo spürst du ihn und wie schlägt dein Herz gerade?*

→ ***Atem wahrnehmen:*** *Wie tief und in welcher Geschwindigkeit atmest du in diesem Moment?*

→ ***Spüren:*** *Wo im Körper fühlt es sich gerade angenehm an – und wo unangenehm oder schmerzhaft?*

→ *Schauen: Dazu wählst du mit geschlossenen Augen eine Farbe aus, die du dann um dich herum aktiv suchst.*

Das war es auch schon. Du kannst einen tiefen Atemzug nehmen und dich dann einfach dem zuwenden, das du gerade tun wolltest.

Je öfter du diese wundervolle Übung gemacht hast, umso häufiger schaltet dein Hirn ganz von selbst in den Wahrnehmungsmodus. Nach und nach werden die Gedankenspiralen seltener, Gelassenheit nimmt zu – genauso wie sinnliches Erleben: Du erlebst den Sonnenaufgang intensiver, bemerkst, wenn der erste Raureif auf dem Gras glitzert, das Essen schmeckt anders ... Für Grübeljunkies sind das ganz neue und wundervolle Erlebnisse.

HILFE BEIM ENT-GRÜBELN

Bei Themen, die sich immer wieder in deinem Kopf breitmachen, kann es helfen, das Unterbewusstsein ins Boot zu holen. Das geht am einfachsten mit Hypnose: innere Arbeit in wohltuender Entspannung, in der du deine tiefsten Fähigkeiten als »Mitarbeiter« gewinnst, um schwierige Themen nach und nach loszulassen. Dadurch werden seelische Schmerzen aller Art leichter. Alles, was du dazu brauchst, ist ein gemütliches Plätzchen, an dem du es dir für eine halbe Stunde bequem machen kannst und wo dich niemand stört. Nutze außerdem die gesprochene Anleitung zum Download (siehe Seite 95). Sie unterstützt dich beim Loslassen von Gedankenschrott. Du kannst sie regelmäßig hören, etwa vor dem Einschlafen. Sei dabei so faul wie möglich. Schweifen die Gedanken mal ab, ist das in Ordnung. Nickst du kurz ein, ist auch das okay. Meistens wirst du die Anleitung aber klar hören und dir deiner selbst dabei ganz bewusst sein.
Achtung, Hypnose ist nicht immer gut! Es gibt auch unseriöse Anbieter. Wer Wunder verspricht, ist in der Regel ein Scharlatan. Eine professionelle Hypnoseausbildung dauert zwei bis drei Jahre und ist Psychologen und (Zahn-)Ärzten vorbehalten, die sich auch danach noch ständig weiterbilden.

DREI BASICS FÜR EINEN FREIEN KOPF

Es gibt Gedankenfallen, die du locker vermeiden kannst. Dazu musst du sie kennen – genauso wie ein paar Tipps, damit sie dich nicht lahmlegen.

Manche Gedankenkategorien sind wie giftige Pilze im Wald: Sie bringen dich zwar nicht sofort um, aber sie verursachen heftiges Bauchgrimmen. Und je mehr du von ihnen isst, umso mehr tut es weh.

Die Top Fünf der nutzlosen Gedanken sind:

- **Selbstvorwürfe:** Diese Fieslinge findest du in vielen Kapiteln dieses Buches wieder – zum Glück immer gleich mit den passenden Entsorgungsanleitungen.
- **Vorwürfe an andere:** Sie vergiften das Innenleben nachhaltig. Nutze das Dankbarkeitstraining (siehe Seite 37).
- **Erwartungen an andere:** Sie führen zu Enttäuschungen. Hier hilft ebenfalls das Dankbarkeitstraining.
- **Regressionen:** Gedanken, Gefühle und Reaktionen aus der Kindheit: Selbstmitleid, Jammern, Trotz. Dagegen helfen die kleinen Klagemonster (siehe Seite 19).
- **Verstrickungen:** Du tickst an einigen Stellen genauso wie dein Vater oder deine Mutter und willst das gar nicht? Dagegen hilft das kurze Ritual auf Seite 16.

Gedanken aus diesen fünf Schubladen wirken immer (ausnahmslos!) negativ. Und sie beschäftigen dich in der Regel schmerzhaft und lang. Also ab in die Tonne damit!

Ritual zum Zurückgeben von Gedanken und Mustern

Denke an die Person, von der du die Gedanken und Muster übernommen hast, mache eine kleine Verneigung vor ihr und sage ihr: »Ich gebe es dir zurück – mit allem Respekt. Es gehört zu dir und nicht zu mir.«
Du kannst dir dabei vorstellen, dass du deinem Gegenüber ein Päckchen überreichst, einen Stein oder was auch immer dir dazu einfällt.

WARUM DAS WARUM PROBLEME SCHAFFT

Warum-Fragen klingen vernünftig: Wenn wir wissen, warum etwas ist, wie es ist oder warum es passiert ist, können wir es ändern. Doch der Schein trügt. In Wahrheit bergen Warum-Fragen giftige Selbstsuggestionen. Beispiele gefällig? »Warum passiert mir das immer wieder?« etwa bedeutet: Es passiert immer wieder – es ist in der Vergangenheit passiert, es passiert heute und es passiert in Zukunft. Es passiert einfach immer! Die nächste Panne ist mit der Frage also schon vorprogrammiert. Denn eine sich selbst erfüllende Prophezeiung wirkt immer. Genauso bedeutet »Warum bin ich nur so blöd?« auch: Ich bin blöd!

Warum-Fragen schaffen Wirklichkeiten, die kein Mensch wirklich will. Nutze deshalb die unten stehenden Zeilen, um Warum-Fragen umzuformulieren – in Fragen, die gute Wirkungen entfalten. Das sind Wie- und Was-Fragen. Damit programmierst du dein Hirn auf die Suche von Lösungen.
Aus »Warum passiert mir das immer wieder?« wird »Wie kann ich das künftig verhindern?« oder »Was kann ich machen, damit mir das nicht mehr passiert?«. »Warum war ich nur so blöd?« wird zu »Was habe ich übersehen?« oder »Wie kann ich es das nächste Mal besser machen?«.

Warum wird zu Wie oder Was – Lösungen statt Probleme!

Warum	*Wie/Was*
....	....
....	....
....	....
....	....
....	....
....	....

KLAGEN UND JAMMERN SIND STIMMUNGSKILLER

Es gibt Tausende Gründe zur Klage. Wahrhaftige. Berechtigte. Deshalb tut uns das Klagen auch so gut. Wir beklagen uns, jemand stimmt uns zu, die Welt ist in Ordnung. Ja, sie ist schlecht, aber wir sind nicht allein.

Neben der kurzfristigen Erleichterung, dem Gleichklang mit einer verständnisvollen Seele, passiert unbewusst aber etwas ganz anderes: Wir beschäftigen uns mit dem, was blöd ist, ungerecht und schwierig. Mit Leuten, die sich rücksichtslos benehmen, dem fiesen Wetter und Donald Trump. Damit geben wir genau diesen Themen und den dazugehörigen Gedanken und Gefühlen Energie. Daran fressen sie sich dick und fett. Kein Wunder, dass sie in unserem Kopf machen, was sie wollen, und uns immer neue Gründe zur Klage liefern.

Suche dir auf der Seite rechts eins der kleinen Monster aus. Es steht für deine Klagen. Du kannst es ausmalen oder einkreisen. Gib ihm einen Namen und schreibe ihn dazu. Willst du dieses Ding wirklich füttern, damit es riesengroß wird und das Kommando in deinem Kopf behält? Oder lässt du es künftig hungern, damit die schönen Gedanken und Gefühle Platz bekommen? Du hast die Wahl! Jeden Tag, jede Stunde und jede Sekunde deines Lebens. Du prägst deine innere Landschaft durch zahlreiche kleine Entscheidungen.

Es gibt genauso viele Gründe, das Leben zu feiern, wie Gründe zur Klage. Wenn du weniger leiden möchtest und mehr Freude spüren willst, lenke deine Gedanken in positive Bahnen. Verzichte künftig darauf zu klagen. Ersatzlos!

Welches ist dein persönliches Klagemonster?
Gib ihm einen Namen!

DER GROSSE SORGENCHECK

Sorgen einfach in die Tonne klopfen? Davor haben manche Skrupel. Die ein oder andere mag ja durchaus ihren Sinn haben. Stimmt! Die meisten haben aber überhaupt keinen Sinn. Daher solltest du mit Verstand ausmisten.

Die meisten Sorgen stammen aus der Vergangenheit. Und diese Sorgen gehören allesamt in den Müll. Andere dagegen haben eine nähere Betrachtung verdient.
Meine Kinder zum Beispiel gehen abends oft aus. Nicht immer kommen sie pünktlich nach Hause. Sie liefern also unzählige Gründe, sich die schlimmsten Sorgen zu machen, denn wir wissen ja: Jugendliche tun nicht immer das, was wir uns wünschen. Die Sorgen überfallen uns manchmal aus dem Nichts, beim Einschlafen zum Beispiel, kurz nach Mitternacht, wenn immer noch keine Schritte auf der Treppe zu hören sind. Es ist wirklich zum Verrücktwerden.
Nutze die Listen auf den beiden folgenden Seiten, um die Sorgen zu klären, die du dir machst. Der Realitätscheck hilft dir dabei zu relativieren, der Sicherheitscheck zu handeln – da, wo es notwendig ist. Zum Beispiel, wenn du Schmerzen hast und zum Arzt gehen solltest.
Ich liebe diese Checks! Sie sind einfach und verändern die Sorgen sofort. Danach sieht die Welt schon ein bisschen anders aus. Versprochen!

Realitätscheck für Sorgen

→ *Das ist meine Sorge:* ....

....

....

→ *Kann ich hundertprozentig sicher sein,*
dass es wahr ist, was ich mir vorstelle? ....

....

....

→ *Wie geht es mir, wenn ich mir diese Sorge mache?* ....

....

....

→ *Ist diese Sorge hilfreich? Hat sie etwas,*
das ich verstehen soll, bevor ich sie loslasse? ....

....

....

→ *Wie wäre ich, wenn ich mir diese Sorgen*
nicht machen würde? ....

....

....

Sicherheitscheck für Sorgen

→ *Was kann ich tun, um mögliche Gefahren abzuwenden?* ....

....

....

→ *Wenn es so käme, wie ich befürchte:*
Was müsste ich dann tun? ....

....

....

→ *Kann ich vorsorgen? Wenn ja, wie?*

....

....

→ *Gibt es jemanden, der mir helfen kann?*
Wenn ja, wie? ....

....

....

→ *Was kann ich heute schon tun, um etwas zu verändern?* ....

....

....

TRICKKISTE GEGEN FIESLINGE IM KOPF

Sich gegen fiese Gedanken zu wehren, hilft nicht, sondern verschlimmert. Je mehr du gegen sie ankämpfst, desto mehr klammern sie sich fest.

Für Gedanken, die einfach nicht verschwinden wollen und uns stattdessen lieber immer wieder den Verstand rauben wollen, ist das nun folgende Trickkistenkapitel gedacht. Ganz einfache Strategien helfen dabei, diese Fieslinge dauerhaft aus dem Gehirn zu verscheuchen.

DENKE DEINE SCHLIMMSTEN GEDANKEN ZU ENDE

Belastende Gedanken will man loswerden. Das ist logisch, aber leider nicht zielführend. Und oft funktioniert genau das Gegenteil viel besser. Die Zauberfrage lautet: »Und dann?« Hier ein Beispiel, mit dem ich gearbeitet habe, als ich meinen allerersten Job hatte. Da war ich mir noch sehr unsicher. Ich fragte mich also: Was, wenn ich versage und den Job nicht behalte? Dann nimmt mich niemand mehr. Und dann? Ich muss meinen Traumjob beerdigen, für den ich sieben Jahre

lang studiert und hart gearbeitet habe. Und dann? Dann bin ich vor allen meinen Freunden und der Familie blamiert. Und dann? Sie mögen mich immer noch. Aber ich bin arbeitslos. Und dann? Dann muss ich was anderes machen. Vielleicht wieder kellnern. Und dann? Mache ich irgendwann mein eigenes Restaurant auf. Und dann? Eigentlich ist das eine ganz gute Vorstellung. Es ist nicht das, was ich eigentlich will, aber ich könnte davon leben und es würde auch Spaß machen.
Es gibt bei der Und-dann-Übung nur eine Hürde: die Überwindung. Sie zu machen, gegen die Angst. Nicht jedes Mal wird alles zu Friede, Freude, Eierkuchen. Es geht nicht immer gut aus. Aber die schlimmste Befürchtung ausgesprochen zu haben, entlastet und vermindert die Angst.

Michael Ende hat in »Jim Knopf und Lukas der Lokomotivführer« dafür das schöne Bild des Scheinriesen gefunden: ein Geschöpf, das aus der Ferne riesengroß aussieht und vor dem alle, die es sehen, so weit wie möglich davonrennen. Dadurch wird der Riese aber nur noch größer. Geht man stattdessen auf ihn zu, schrumpft er. Jim Knopf macht genau das – und trifft schließlich einen netten, ziemlich einsamen kleinen »Riesen«. Was für eine wundervolle Metapher für die Psyche im Umgang mit Angst. Genau so funktioniert es!

Das ist meine schlimmste Angst

→ *Und dann?* … ....

....

→ *Und dann?* … ....

....

→ *Und dann?* … ....

....

→ *Und dann?* … ....

....

→ *Und dann?* … ....

....

→ *Und dann?* … ....

....

→ *Und dann?* … ....

....

→ *Und dann?* … ....

....

ÄRGER ÄRGERT NUR DEN, DER SICH ÄRGERT

Ärger schadet dir. Er bringt nichts – zumal es viel gibt, was du nicht ändern kannst, egal wie sehr du dich auch ärgerst. Das Päckchen, auf das du schon seit zwei Wochen wartest, ist und bleibt verschollen. Die Bank hat die Gebühren schon wieder erhöht, obwohl die Leistungen immer schlechter werden, und wenn du das nicht akzeptieren willst, musst du eben mit deinem ganzen Konto umziehen. Der Arbeitskollege, der dir so auf den Geist geht, hat nicht vor zu kündigen. Dich darüber zu ärgern ist so sinnvoll, wie einem Tauben immer lauter ins Ohr zu schreien. Am Ende bist du nur heiser. Das war's dann aber auch schon. Du weißt zwar, dass du recht hast. Es bringt dir nur nichts – außer Ärger eben. Aber den hast du und nicht der andere.

SICH ÄRGERN

bringt nichts außer Ärger.

Du kannst dich auch anders entscheiden. Du hast die Wahl. Es ist möglich, dass du deinen Seelenfrieden schonst, selbst wenn manches richtig doof ist und auch doof bleibt.
Die Checkliste auf der nächsten Seite hilft, Ärger zu begraben. Endgültig! Damit dein Kopf frei ist für Wichtiges. Warum? Weil es dir dann besser geht. Das hast du verdient.

Checkliste gegen Ärger

→ *Worüber ärgerst du dich?* ....

....

→ *Was würdest du gewinnen, wenn der Ärger weg wäre?* ....

....

....

→ *Was würdest du verlieren?* ....

....

→ *Wem außer dir selbst schadet er?* ....

....

→ *Wer wärst du, wenn du dich nicht mehr ärgern würdest?* ......

....

....

→ *Was könntest du endlich angehen, wenn der Ärger weg wäre?* ...

....

....

DER ÜBERTREIBUNGSKNALL GEGEN DEN ÄRGER

Falls du einen Donnerknall gegen einen konkreten Ärger wünschst, kannst du die folgende Technik nutzen: Schreibe auf eine der beiden nächsten Seiten, was dir zu einem konkreten Ärgernis oder zu einer Person, über die du dich immer wieder ärgerst, einfällt. (Ich habe mal zwei Seiten dafür eingeplant, weil es ja vielleicht auch mehr als ein Ärgernis in deinem Leben gibt.)

Übertreibe es beim Schreiben so richtig! Deine Nachbarin geht dir auf die Nerven? Sage ihr Schimpf und Schande, wünsche ihr die Pest an den Hals und die Cholera gleich noch dazu. Erkläre ihr, warum sie das alles verdient hat. Nimm kein Blatt vor den Mund. Bis die Seite fast explodiert und sich vor Scham auflösen will. Dir fällt nichts mehr ein? Gilt nicht! Sie muss gefüllt werden, bis zur letzten Zeile.

Und dann? Atme tief durch. Reiße die Seite aus dem Buch, knülle sie zusammen oder zerreiße sie in Stückchen und wirf sie in den Müll. Oder verbrenne sie. Oder schicke sie mir mit der Post. Ich entsorge sie dann fachgerecht.

Das reicht. Weiter brauchst du nichts zu tun. Beobachte, was sich verändert, wenn du dem Ärgernis das nächste Mal begegnest. Vielleicht schleicht sich ein kleines Lächeln in deine Mundwinkel? Lass dich überraschen.

Wham!

Bam!

Ratsch!

Das sage ich dir jetzt endlich einmal!

Ratsch!

Das sage ich dir jetzt endlich einmal!

DER FRIEDLICHE WEG

Ärger und Lust auf was Neues? Welcher Gedanke dich auch immer gerade in Wallung bringt: Stelle dir vor, du schaust ihn an und sagst ihm: »Friede sei mit dir.« Sprich es ruhig laut aus: »Friede sei mit dir.«
Du denkst: »Oh nein, ich komme zu spät. Panik!« »Friede sei mit dir.« »Jetzt lässt der Nachbar schon wieder seinen Motor einfach laufen!« »Friede sei mit dir. Und mit dem Nachbarn.«
Mit diesem einfachen Sätzchen kannst du einen Teil deiner lästigen Gedanken zum Schweigen bringen. Was für ein fantastischer Effekt! Fange am besten gleich damit an. Was, kein nerviger Gedanke in Sicht? Keine Sorge. Der kommt schon!

DRÜCK DEN ÄRGER EINFACH WEG

Du kannst deinem Ärger auch friedlich den Garaus machen, indem du einen Akupressurpunkt aktivierst. Er befindet sich am kleinen Finger an der Innenseite des Fingernagels zum Körper hin. Klopfe oder drücke ihn eine Minute lang, das hilft loszulassen, was du nicht ändern kannst. Währenddessen wiederholst du wahlweise:

- *»Es ist, wie es ist. Ich kann es nicht ändern.«*
- *»Sie ist, wie sie ist. Ich bin nicht zuständig.«*
- *»Er ist, wie er ist. Das hat nichts mit mir zu tun.«*

Nach und nach löst sich der Ärger auf. Und tschüss …

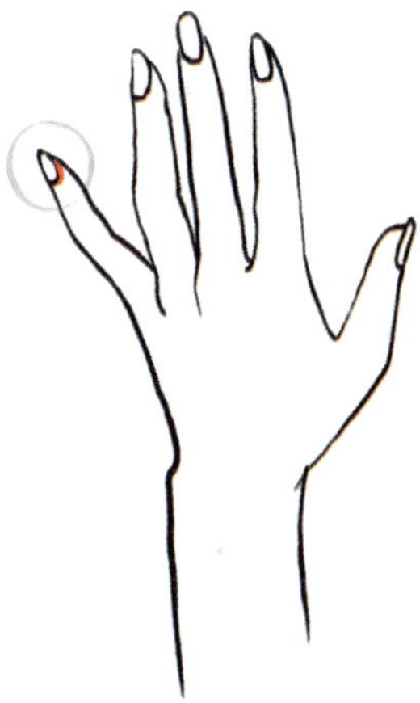

DIE GEDANKEN-WASCHANLAGE

Nervige Gedanken mit einfachen Methoden »reinwaschen« und zum Teufel jagen? Was wie Zauberei klingt oder wie Geldwäsche bei der Mafia, funktioniert tatsächlich. Bereit?

GEHEIMREZEPT DANKBARKEIT

Dankbarkeit ist die Wunderwaffe, um negative Gedanken zu verändern. Sie folgt dabei einem Prinzip, das auch im Kampfsport und in der fernöstlichen Energiearbeit schon lange genutzt wird, zum Beispiel beim Tai-Chi oder im Judo.

Dankbarkeit kämpft nicht gegen negative Gedanken an, sie geht nicht in den Widerstand und probiert nicht, die negativen Gedanken mit Gewalt zu zerstören. Nein, sie nutzt die Energie der negativen Gedanken und wandelt sie ganz behutsam in etwas anderes um.

Neurologisch können wir uns das etwa so vorstellen: Eine Gedankenspirale hatte die Angewohnheit, sich immer tiefer zu schrauben. Durch das Dankbarkeitstraining wird sie Mal für Mal in positive Bahnen umgeleitet. Damit verliert sie ihre ursprüngliche Bedeutung und Macht und wird neutralisiert. Die Energie, die bisher in ihr gefangen war, sucht sich neue Wege, die dich wirklich weiterbringen.

DANKBARKEITSTRAINING AT HOME

Ich bin sicher: Es gibt viele Dinge, für die du dankbar bist. Aus der Gegenwart und aus der Vergangenheit. Vielleicht bist du dankbar dafür, dass du schlau bist. Oder dafür, dass du so eine schöne Wohnung gefunden hast. Oder dafür, dass dich jemand Besonderes liebt.

Schreibe deine schönsten Dankbarkeitserinnerungen auf bunte Post-its und verteile sie in deiner Wohnung – dort, wo du oft vorbeikommst. Spiegel, Kühlschrank, Kaminsims: Überall warten sie auf dich und erinnern dich. Tagtäglich.

Danke!

Danke!

DANKBARKEITSTRAINING TO GO

Das folgende Training eignet sich perfekt für unterwegs. Du kannst es nutzen, wann immer dich etwas ärgert, ängstigt oder verletzt. Dazu sprichst du das Negative aus, das dich gerade beschäftigt – und ergänzt es durch etwas, wofür du dankbar sein kannst. Das kann in einem direkten Zusammenhang stehen, wie: »Ich bin verletzt, weil Simone unser Treffen abgesagt hat, und ich bin dankbar dafür, dass ich mich auf Lisa immer verlassen kann.« Es muss aber auch keinen Zusammenhang geben, so wie bei: »Ich ärgere mich, dass es gerade heute regnet, wo ich im Garten feiern wollte, und ich bin dankbar dafür, dass ich etwas zu essen habe.«

Wie beim Sport hilft auch hier regelmäßiges Training. Mit der Seite rechts trainierst du »trocken«. Danach bist du bereit für die Realität. Du ärgerst dich, weil dir jemand die Tür vor der Nase zuknallt? Nutze die Dankbarkeitsübung. Du hast etwas vergessen und du machst dich selbst fertig? Sei dankbar!

Das fantastische Dankbarkeits-Trainingscamp

»Ich ärgere mich über …«	*»… und ich bin dankbar, …«*
....	....
....	....
»Ich bin traurig, weil …«	*»… und ich bin dankbar, …«*
....	....
....	....
»Ich vermisse …«	*»… und ich bin dankbar, …«*
....	....
....	....
»Ich finde blöd, dass …«	*»… und ich bin dankbar, …«*
....	....
....	....
»Ich bin enttäuscht, weil …«	*»… und ich bin dankbar, …«*
....	....
....	....

KLOPF MAL! GEDANKENSPIRALEN LÖSEN

Die chinesische Medizin arbeitet schon seit Jahrtausenden mit der Akupunktur. Indem spezifische Punkte am Körper aktiviert werden, so die Vorstellung, wird fehlgeleitete Energie im Körper wieder in die richtigen Bahnen gebracht. Dass sich dadurch zahlreiche Leiden und Schmerzen lindern lassen, ist inzwischen wissenschaftlich bewiesen. Dass du auf diese Weise Gedankenspiralen bremsen kannst, ist weniger bekannt. Dabei geht es ganz einfach! Du brauchst nur fünf Punkte am Körper, die alle ganz leicht zu finden sind: Der erste befindet sich am höchsten Punkt deines Körpers, auf dem Mittelscheitel. Der zweite Punkt liegt auf der Stirn, der dritte direkt unter der Nase, der vierte im Grübchen unter der Lippe auf dem Kinn und der fünfte auf dem Brustbein, etwa einen Zentimeter unter der Stelle, an der die Schlüsselbeine das Brustbein treffen.

Klopfe jeden dieser fünf Punkte etwa zehn Sekunden lang – wenn es dir guttut, gerne auch etwas länger. Dabei gibst du deiner Gedankenspirale einen Namen und sprichst ihn immer wieder aus. Hier sind ein paar Beispiele:

- Meine Sorgen um die Kinder
- Meine Angst vor den Spinnen im Keller
- Meine Eifersucht
- Meine Gedanken an die Schwiegermutter

Jedes Mal, wenn du klopfst, bekommt die Spirale Gegenwind. Sie wird nach und nach schwächer und beherrscht dich immer weniger.

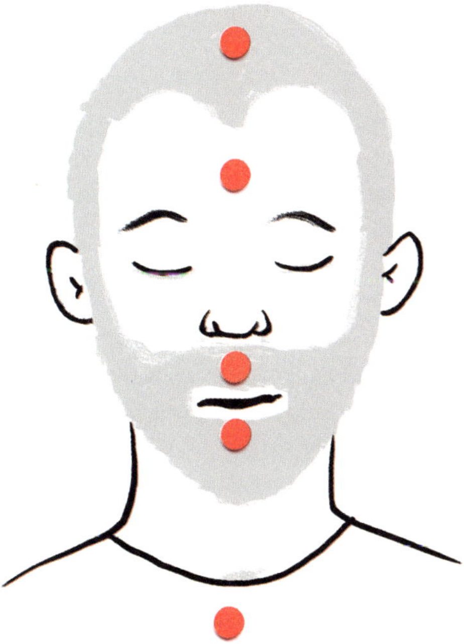

Meine Themen:

→ ....

→ ....

→ ....

→ ....

→ ....

DIE PERFEKTE RACHE

Rachegedanken sind schlecht. Rache wollen ist wie Gift trinken und hoffen, dass der andere daran stirbt. Dabei gibt es einen wunderbaren Weg, wie man sich wirklich rächen kann – und effektiv noch dazu: Glück!
Dein Ex hat dich von heute auf morgen wegen einer anderen sitzen gelassen? Sorge dafür, dass es dir ohne ihn noch viel besser geht als früher. Dein Nachbar hat mit einer pingeligen Klage wegen eines Astes an deinem Kirschbaum gegen dich gewonnen? Genieße weiterhin das Leben im Garten. Lade Freunde ein, auch wenn er böse über den Zaun blickt. Und pflanze einen neuen Kirschbaum, einen Meter weiter vom Zaun entfernt. Nichts ist befreiender! Für das Herz, weil es das Glück liebt. Für den Kopf, weil der endlich mit dem Denken aufhören kann. Der Nachbar und der Ex werden ihm egal.
Weil Papier immer gerne hilft, kannst du das nächste Blatt nutzen, um jemandem, der dir übel mitgespielt hat, noch einmal alle Schande zu schreiben. Egal was. Gedanken, Vorstellungen und Wörter, die du sonst nicht benutzt. Das Schlimmste vom Schlimmen. Dann reißt du das Blatt raus und verbrennst es. Mache dir dabei bewusst, dass du eine wichtige Entscheidung triffst: Kein Gift mehr. Klarer Fokus auf dein Glück. Du lässt dir dein Leben von niemandem vermiesen!

DIE BESTE RACHE
ist ein glückliches Leben!

Ratsch!

Was ich dir noch ein letztes Mal sagen wollte

Ratsch!

Was ich dir noch ein letztes Mal sagen wollte

LEBT WOHL, NERVENSÄGEN!

Neben den Nervensägen in unserem Kopf gibt es noch die echten. Leute, die einem mit einer Penetranz auf die Nerven gehen, dass einem schlecht werden kann. Das Schlimme: Wir können so einer Nervensäge oft nicht aus dem Weg gehen. Sie sitzt im Büro direkt gegenüber, wohnt im gleichen Haus, ist unser Bankberater oder sogar Teil unserer Familie.

Energie, die wir einer Nervensäge schenken, ist verschwendete Energie. Weil sich Nervensägen aber nicht ändern, musst du etwas verändern. Du musst die Nervensäge nicht toll finden. Schenke ihr einfach keine Energie mehr. Soll sie doch so blöd sein, wie sie will. Die Nervensäge will Beachtung? Nicht einmal ein Zucken mit der Augenbraue kriegt sie! Schreibe ihr einen Brief. Auf schönem echten Briefpapier. Lies ihn ein paarmal durch, bis du mit allem einverstanden bist. Und dann wirf ihn weg. Einfach in den Müll. Ohne besondere Mühe. Mehr ist die Nervensäge nicht wert! Bereit?

Liebe(r) .... (Name der Nervensäge),
du hast mich eine Menge gekostet, nämlich ....
Ich habe beschlossen, dir keine Energie mehr zu schenken.
Deshalb kannst du mich künftig ....
Ich werde nie wieder ....
Egal, was du tust: Du bist mir egal.
Dein(e) ....

NOTRUF - DIE RICHTIGEN RATGEBER

Nicht immer ist es gut, eigene Gedanken nur in sich selbst zu bewegen. Darum haben es sich viele Leute angewöhnt, sie mit anderen zu teilen.

Wenn du Gespräche in einem Café belauschst, hörst du, was wer über wen oder was denkt und wie der eine oder die andere das findet. Es wird über den Partner gelästert, über die Freundin oder den Arbeitgeber geklagt. Unfassbar, wie viel Raum negative Gedanken nicht nur in den eigenen Köpfen, sondern auch noch in Gesprächen bekommen. Na ja, kann man denken, dann sind die Gedanken wenigstens aus dem eigenen Kopf raus. Klingt logisch. Stimmt aber nicht. Denn auch wenn sie danach im Kopf des anderen sind, hat man sie selbst immer noch. Die negativen Gedanken haben sich sozusagen verdoppelt. Reden gibt ihnen zusätzliche Energie.
Und was, wenn man mal Rat braucht? Wunderbar! Guter Rat hilft. Aber: Gute Ratgeber stehen nicht an jeder Ecke. Wähle deshalb weise, bevor du mit jemandem über Gedanken oder Probleme redest:

- Bist du wirklich bereit, einen Rat oder eine neue Sichtweise anzunehmen?
- Gibt der Mensch, mit dem du reden willst, wirklich nur dann Rat, wenn er danach gefragt wird? Wenn nicht, ist er nämlich kein Ratgeber, sondern ein Rechthaber, dem es um sich selbst geht, aber nicht um dich.

- Ist der Mensch, von dem du Rat möchtest, für das Thema qualifiziert? Hat er es in diesem Bereich in seinem Leben gut, kennt er sich da aus oder hat er schon mal ein Problem gelöst, das deinem ähnlich ist?
- Ist der Mensch, mit dem du reden willst, in der Lage, positiven Rat und Feedback zu geben und wertschätzend mit dir umzugehen – obwohl du vielleicht gerade auf dem Schlauch stehst?

Nur wenn du alle vier Fragen mit Ja beantworten kannst, sind sowohl der Moment als auch der Ratgeber richtig.

DIE RATGEBER-CHECKLISTEN

Auf den folgenden Seiten kannst du aufschreiben, welche Menschen aus deinem Umfeld als Ratgeber für konkrete Themen infrage kommen. Denn wenn du wirklich in der Patsche sitzt, funktioniert das Hirn nicht immer verlässlich. So aber weißt du im Fall des Falles sofort, wen du anrufen kannst. Das Ziel ist, für jeden Lebensbereich zwei gute Ratgeber zu finden. Suche dabei nicht nur im engen Freundes- oder Familienkreis. Manchmal sind Leute, mit denen wir im Alltag gar nicht ständig zu tun haben, die besten Ratgeber.

Und ganz nebenbei: In welchen Bereichen kannst DU anderen weiterhelfen – und in welchen nicht? Ich zum Beispiel bin eine katastrophale Expertin, wenn es um Geduld geht. Dafür habe ich viel Erfahrung, wenn es um den Umgang mit Katastrophen geht. Ich habe (leider) schon viele erlebt, sie aber alle am Ende gut gemeistert. Und du?

→ *Meine Ratgeber für Beziehungsthemen:* ....

....

→ *Meine Ratgeber für Familie:* ....

....

→ *Meine Ratgeber für Erziehung und Kinder:* ....

....

→ *Meine Ratgeber für Freundschaft:* ....

....

→ *Meine Ratgeber für Karriere und Erfolg:* ....

....

→ *Meine Ratgeber für meinen Job oder berufliche Fachfragen:* ....

....

→ *Meine Ratgeber für Geld:* ....

....

→ *Meine Ratgeber für Aussehen, Schönheit, Mode:* ....

....

→ *Meine Ratgeber für Gesundheit:* ....

....

→ *Meine Ratgeber für Ernährung:* ....

....

DIE INNEREN HELFER NUTZEN

Manchmal findet sich für ein bestimmtes Thema partout kein Ratgeber. Möglicherweise hat zwar der ganze Freundes- und Bekanntenkreis ähnliche Probleme, aber keiner hat eine Ahnung, wie sie sich lösen lassen. Wirklich, das gibt es. In so einem Fall kann dir dein inneres Wissen helfen. Schließlich haben wir alle im Lauf des Lebens unsere Erfahrungen gemacht und tragen eine Menge Wissen in uns. Auch wenn dieses nicht immer bewusst zugänglich ist, kann es uns doch aus vielen komplizierten Gedankenwindungen heraushelfen.

Am einfachsten kannst du dein inneres Wissen nutzen, indem du dich in der Sprache des Unterbewusstseins mit ihm verbindest. Das ist die Sprache der Bilder und der Gefühle. Stelle dir vor, es gäbe ein Wesen voller Weisheit in dir, das du um Rat bitten kannst, wann immer du willst.

Jeder Mensch hat, wenn er sich entspannt darauf einlässt, ein klares Bild davon, wie dieses innere Wesen aussieht. Oft ist es ein sehr alter Mensch mit vielen Falten an genau den richtigen Stellen. Häufig tauchen auch Bilder von mehr oder weniger magischen Wesen auf, etwa von Feen, Zauberern, Schildkröten, Eulen … Oder von Figuren aus einem Buch oder Film. Was du dir auch vorstellst, alles ist in Ordnung. Ein Bild taucht auf, von dem du spürst: Es stimmt. Der oder die passt zu mir. Der oder die gefällt mir. Auch wenn du nicht weißt, warum. Dieses Bild öffnet die Tür zu deinem inneren Wissen, zu deiner Intuition, vielleicht sogar zu einem universelleren Wissen, das wir bewusst nicht verstehen.

Wende dich immer an dieses Wesen in deinem Inneren, wenn deine Gedanken nicht weiterwissen und du Hilfe brauchst.

Bedanke dich immer bei deiner inneren Weisheit, wenn sie dir geholfen hat – selbst dann, wenn dir der Rat erst einmal nicht schmeckt. Es ist ein wichtiger Schatz, den du da in dir trägst. Er/sie/es ist immer für dich da und meint es hundertprozentig gut mit dir. Er/sie/es ist es wert, auf Händen getragen zu werden.

Dein inneres Wissen

Die folgenden Fragen helfen dir, das passende Bild für das zu finden, was in dir schlummert:

- → *Ist es eher jemand Männliches oder Weibliches?*
- → *Ist es ein Mensch oder ein magisches Wesen?*
- → *Wie ist die Figur, wie sind die Haare?*
- → *Wie ist dieses Wesen gekleidet?*
- → *Wie genau sieht er/sie/es aus?*
- → *Wenn du mit ihm oder ihr kommunizierst: Kommen Worte zurück oder weißt du die Antwort einfach tief im Innern?*

Hast du ein Bild von diesem Wesen? Wenn ja, klebe oder zeichne/male es hier hinein.

DIE HEISSE KISTE

Erotische Gedanken hat jeder mal, sie sind völlig normal. Du solltest sie also genießen und schauen, was sie dir sagen wollen.

»Oh Mist, heute Nacht habe ich geträumt, ich bin mit meinem Schwager im Bett … und es war gut! Dabei interessiert mich der doch überhaupt nicht.« So etwas kann einen schon mal aus dem Tritt bringen und Tür und Tor für die verrücktesten Gedanken öffnen: Habe ich den falschen Bruder geheiratet? Liebe ich meinen Mann vielleicht nicht mehr? War das schon fremdgehen? Wahlweise auch: Wie kriege ich den sexy Schwager am besten rum, ohne dass es jemand mitbekommt? Und was, wenn er mich überhaupt nicht interessant findet?

Manchmal macht es Spaß, sich solchen Gedanken hinzugeben. Findest du auch? Dann tu es! Aber was, wenn da plötzlich Ideen, Bilder und Vorstellungen auftauchen, besonders in Träumen, die nicht wirklich zu einem passen? Von Sex mit der Praktikantin zum Beispiel. Oder mit dem Schulkameraden von früher. Mit einem Menschen, von dessen Geschlecht man in der Regel wenig angezogen wird. Von komischen Stellungen oder Umgebungen. Von wilden Orgien, nach denen man sich spontan so gar nicht sehnt.

Der Umgang mit derartigen Gedanken ist ganz einfach und kann viel Freude bereiten. Begrüße daher die heißen Bilder erst einmal. Sie beweisen dir: Du bist sinnlich. Du hast einen Körper, der begehrt. Du bist lebendig. Das ist wundervoll!

Überprüfe anschließend in Ruhe und ganz ehrlich, ob an den Gedanken und Fantasien etwas interessant ist. Steckt dahinter eine Sehnsucht, die bisher unter prüden Vorstellungen vergraben war? Will dich deine Fantasie darauf hinweisen, dass es an der Zeit ist, eine routinierte oder eingeschlafene Sexualität wiederzubeleben, sie überhaupt erst zu entdecken oder dir endlich eine Partnerin oder einen Partner zu suchen? Du findest nichts? Auch gut. Manche Vorstellungen bergen einfach überhaupt keinen Hinweis in sich. Trotzdem sind sie aufregend – ganz egal, ob du sie eines Tages in die Tat umsetzen möchtest oder nicht.

DIE SINNLICHE SCHATZKISTE

Nun dürfen deine Vorstellungen in die »heiße Kiste«. Natürlich gut getarnt. Du weißt schließlich nicht, wer dieses Buch einmal in die Hände bekommt, und nicht jedes Szenario ist für fremde Augen gedacht. Suche dir deshalb ein Symbol für jede deiner sinnlichen Vorstellungen und zeichne oder klebe diese als Sticker in die Kiste. Sie darf und soll sich mehr und mehr mit Sinnlichkeit anfüllen. Ich bin sicher: Dir fällt das Passende ein. Das Feuer, das in dir brennt, steht für Genussfähigkeit und Körperlichkeit. Beide solltest du wertschätzen, pflegen und feiern.

Meine heiße Kiste

DEPONIE FÜR GEDANKEN, DIE ZU GAR NICHTS GUT SIND

Schuldgefühle oder negative Glaubenssätze bringen dich keinen Schritt weiter – im Gegenteil. Sie nagen ununterbrochen an deinem Selbstwertgefühl.

Ja, es gibt tatsächlich Gedanken, die wirklich zu gar nichts gut sind. Nie! Hier erfährst du, wie du mit ihnen umgehen kannst.

SCHULDGEFÜHLE

Schuldgefühle nutzen nicht, sondern quälen nur. Ich meine hier nicht reale Schuld, also etwas, das du verbockt hast und wieder in Ordnung bringen solltest. Wo das möglich ist, tue es unbedingt. Handeln ist immer die beste Lösung. Der Lohn: sofortiger Seelenfrieden. Viele Gedanken beschäftigen sich aber mit Schuld, die gar keine ist. Unerfüllte Erwartungen und Vorwürfe anderer, besonders aus der Kindheit. Verpasste Chancen. Keiner dieser Gedanken hilft dir weiter. Sie halten dich nur davon ab, den Augenblick bewusst zu leben. Es ist Zeit, sie loszulassen. Jetzt! Die nächste Checkliste hilft dir dabei. Du kannst deine Schuldgefühle auch auf die Karte auf Seite 58 schreiben und mir schicken. Ich entsorge sie für dich.

Checkliste für Schuldgefühle

→ *Wie lange hast du das Schuldgefühl schon?* ....

→ *Wie hoch ist das Schuldgefühl auf einer Skala von 0 bis 10?* ....

→ *Wann ist es besonders hoch? Wodurch wird das ausgelöst?* .....

....

→ *Wann ist es besonders niedrig? Wodurch?* ....

....

→ *Wie bist du bisher damit umgegangen?* ....

....

→ *War das hilfreich?* ....

→ *Wie beeinflusst es dich in deinem Leben?* ....

→ *Wie sieht die andere Person die Schuld?* ....

→ *Was würdest du als Therapeut/Therapeutin dazu sagen?* ......

....

→ *Was wäre danach?* ....

→ *Gibt es etwas, das du noch tun musst, damit du es loslassen kannst?*

....

Ratsch!

Liebe Anke,

bitte entsorge das Schuldgefühl auf der Rückseite dieser Postkarte für immer auf der Schuldgefühl-Deponie.

Vielen Dank und herzliche Grüße dein(e)

Anke Precht

Steinstr. 28

77652 Offenburg.

Ratsch!

Ich möchte folgendes Schuldgefühl auf die Deponie geben:

....

....

....

....

Ich wähle folgende Option:

- ☐ *Das Schuldgefühl soll in den Müll und endgültig vernichtet werden*
- ☐ *Das Schuldgefühl soll auf den Kompost, wo es zu fruchtbarer neuer Erde wird*
- ☐ *Das Schuldgefühl soll ins All, weit weg, wo es in einem schwarzen Loch verschwindet*
- ☐ *Das Schuldgefühl gehört mir gar nicht und soll zurück an*

  ....
- ☐ *Das Schuldgefühl soll zurück zum Absender, der es ausgelöst hat, nämlich* ....

  ....

  ....

  ....

HÄTTE, SOLLTE, MUSS UND KANN NICHT MACHEN NICHTS ALS ÄRGER

Hätte ich nur den Mund gehalten. Ich **muss** mal wieder Sport machen. Ich **sollte** Mama anrufen ... Schluss damit! Du löst so kein einziges Problem, schaffst aber viele neue. Solange du denkst, du solltest, also du musst, tust du: nichts. Im Gegenteil: Du suchst dir schnell eine Ablenkung, die dir hilft, das unangenehme Thema aus dem Kopf zu kriegen. Und: »Ich muss ...« führt nicht nur zu endlosen To-do-Listen, sondern auch zur Annahme, du müsstest anders sein, als du bist, um okay zu sein. Hier sind uralte Prägungen am Werk – und sie sind Gift! Glaubst du nicht? Stelle die Uhr und sage eine Minute lang immer wieder »Ich muss!«. Und dann beobachte, wie du dich fühlst. Na?

Auf den nächsten Seiten möchte ich dich zu einem verrückten Experiment einladen: Fülle zuerst spontan die »Ich muss«-Gedanken-Liste aus. Alte Bekannte? Okay! Jetzt notierst du die gleichen Gedanken direkt noch einmal auf die darauffolgende Seite. Nur heißt es dort nicht mehr »Ich muss«, sondern »Ich will«. Komisch, oder? Lass die Erfahrung eine Weile wirken. Neue Gefühle werden entstehen, manches innere »Aha!«. Die alten Gedankenbahnen verblassen. Du entscheidest selbst, übernimmst Verantwortung und wirst frei.

Die Liste auf Seite 62 beschäftigt sich dann mit der kleinen Schwester von »Ich muss«. Sie heißt: »Ich kann nicht.« Fülle auch sie aus und transformiere die Sätze dann in »Ich will nicht«. Na? Lass die Erfahrung für dich arbeiten.

Ich muss …

→ ……………………………………………………

→ ……………………………………………………

→ ……………………………………………………

→ ……………………………………………………

→ ……………………………………………………

→ ……………………………………………………

→ ……………………………………………………

→ ……………………………………………………

→ ……………………………………………………

→ ……………………………………………………

→ ……………………………………………………

→ ……………………………………………………

→ ……………………………………………………

→ ……………………………………………………

Ich will ...

→ ....

→ ....

→ ....

→ ....

→ ....

→ ....

→ ....

→ ....

→ ....

→ ....

→ ....

→ ....

→ ....

→ ....

Ich kann nicht ...

→ ....

→ ....

→ ....

→ ....

→ ....

→ ....

→ ....

→ ....

→ ....

→ ....

→ ....

→ ....

→ ....

→ ....

Ich will nicht ...

→ ....

→ ....

→ ....

→ ....

→ ....

→ ....

→ ....

→ ....

→ ....

→ ....

→ ....

→ ....

→ ....

→ ....

FALSCHE ÜBERZEUGUNGEN

Glaubenssätze über dich selbst sind die tückischsten. Sie beschreiben, wofür du dich hältst, auch wenn das gar nicht stimmt. Denkst du tief in dir: »Ich bin nicht gut genug«, tut das weh – und du wirst alles tun, um zu beweisen, dass du doch gut bist: Überstunden, super Noten. Aber nichts reicht. Streiche unten diejenigen Sätze an, bei denen du dich empfindlich angesprochen fühlst. Sind es mehr als vier, nimm die vier stärksten und schreibe sie rechts auf. Auf Seite 67 kommen dann die entgegengesetzten positiven Überzeugungen.

Was ich über mich selbst glaube

- [ ] *Ich bin nicht gut genug*
- [ ] *Ich bin falsch*
- [ ] *Ich bin wertlos*
- [ ] *Ich werde nicht geliebt*
- [ ] *Ich habe Pech*
- [ ] *Ich bin hässlich*
- [ ] *Ich bin unwichtig*
- [ ] *Ich bin erfolglos*
- [ ] *Ich bin arm*
- [ ] *Ich bin schwach*
- [ ] *Ich bin ungewollt*
- [ ] *Ich bin unfrei*
- [ ] *Ich bin dumm*

- [ ] *Ich bin gut genug*
- [ ] *Ich bin richtig*
- [ ] *Ich bin wertvoll*
- [ ] *Ich werde geliebt*
- [ ] *Ich habe Glück*
- [ ] *Ich bin schön*
- [ ] *Ich bin wichtig*
- [ ] *Ich bin erfolgreich*
- [ ] *Ich bin reich/wohlhabend*
- [ ] *Ich bin stark*
- [ ] *Ich bin gewollt*
- [ ] *Ich bin frei*
- [ ] *Ich bin klug/intelligent*

Ratsch!

Meine gemeinsten negativen Glaubenssätze

Ratsch!

☹

In die Tonne damit!

In die Tonne damit!

In die Tonne damit!

In die Tonne damit!

Ratsch!

Die dazugehörigen positiven Glaubenssätze

Ratsch!

Ab jetzt!

Ab jetzt!

Ab jetzt!

Ab jetzt!

WIE GEHT ES WEITER?

Lass dir Zeit und entsorge einen negativen Satz nach dem anderen. Dein Kopf muss sich in bestimmten Bereichen schließlich komplett umbauen – bewusst wie auch unbewusst. Das dauert ein bisschen.

Aber apropos entsorgen: Wie willst du die Glaubenssätze auf dem Papier eigentlich loswerden? Möchtest du sie verbrennen, damit sie sich komplett in Wärme auflösen? Wo, wann und wie? Oder möchtest du sie vergraben, damit sie zu fruchtbarem Kompost werden, aus dem etwas Neues, Gutes wachsen kann? Willst du sie zerknüllen, in kleine Stückchen reißen oder in die Tonne hauen? Vertraue deinem Gefühl!

Wenn der negative Satz entsorgt ist, schneide den dazugehörigen positiven Satz aus. Klebe ihn zu Hause an einen zentralen Ort. Schreibe ihn dir in dein Tagebuch. Übernimm ihn als Startbild auf deinem Computerbildschirm und als Statusbild in WhatsApp und dein Facebookprofil. Lass ihn als Twitterbotschaft um die Welt gehen und sage ihn dir jedes Mal, bevor du jemanden triffst, bevor du zur Arbeit gehst oder bevor du deine Zähne putzt – und jedes Mal, bevor du abends einschläfst. Dieser Satz ist dein neues Mantra. So lange, bis er sitzt. Von diesem Moment an fühlt er sich stimmig an, aber auch ein bisschen langweilig. Dann ist es Zeit, dich mit dem nächsten negativen Glaubenssatz zu beschäftigen.

FREUNDE FÜRS GLÜCK

Die gemeinsten Gedanken, die wir haben, sind die über uns selbst. Wir sind selbst unsere härtesten Kritiker. Niemand anderem würden wir erlauben, so gemein zu uns zu sein. Würde eine Freundin oder ein Freund so mit uns reden, wie wir das selbst tun, würden wir ihnen die Freundschaft kündigen. Für alle Ewigkeit!

Viele von uns gehen so mit sich um, als wären sie nicht den Dreck wert, auf dem sie laufen. Sie sorgen nicht gut für sich. Sie schlafen zu wenig. Sie gönnen sich keine Pause – und auch sonst nichts. Sie nehmen ihre Träume nicht ernst und bleiben in Beziehungen, in denen sie schlecht behandelt werden. Damit du dich wertvoll fühlst, musst du dich aber wertschätzen. Und das fängt bei deinen Selbstgesprächen an.

Die nächste Seite gehört einem Freund oder einer Freundin. Die Challenge: Sie schreiben hinein, was sie an dir toll finden. Unzensiert. Unzensiert? Ja, genau! Sie dürfen und sollen dich vollkommen frei über den grünen Klee loben. Alles Schöne und Edle und Lustige aufschreiben, was sie schon lange in dir sehen – und was hinter deiner trüben Selbstzweifelbrille bisher verblasst ist. Du darfst dabei – nichts! Nicht abwiegeln, keine Kommentare abgeben wie »Das ist jetzt aber voll übertrieben« oder »Das stimmt doch gar nicht«. Das Einzige, das du sagen darfst, ist: »Danke!«

Lieber Freund, liebe Freundin, das ist die Gelegenheit! Du kannst nun alles Positive schreiben, was du an dem Menschen, dem dieses Buch gehört, magst. Ohne Zensur und ohne Diskussionen. Garantiert. Das sind die Spielregeln. Auf geht's! Freunde sind das Schönste, was es gibt.

Liebe(r) ....,

das liebe ich an dir: ....

....

....

....

....

....

....

....

....

....

....

....

....

....

Dein(e) ....

DER DÄMONEN-ZOO

In diesem Kapitel geht es um die Quälgeister, Miesmacher, Verführer und Saboteure, die gegen deinen Willen dein Handeln bestimmen.

Manchmal reden wir in der Du-Form mit uns selbst. »Wie konntest du nur schon wieder …?« »Du bist …« »Du kannst das doch gar nicht!« Du willst zum Beispiel nicht naschen, aber dann ertönt die Stimme in deinem Innern: »Das hast du dir nach dem harten Tag verdient.« Und ehe du dichs versiehst, ist die Schublade auf und die Kekspackung leer. Als übernähme jemand in dir die Kontrolle und du selbst kämst erst hinterher wieder zu dir, um den Schaden zu begutachten. Diese Stimmen sind gefühlt schon ewig da. Innere Schweinehunde, Drachen, Geister, Schmeichler und Verführer, Faulpelze und Verdränger. Dinosaurier deiner Psyche. Aus uralten Erfahrungen entstanden. Ohne dein bewusstes Zutun.

SCHWEINEHUNDE UND ANDERE DINOSAURIER

Unsere Persönlichkeit setzt sich aus verschiedenen Teilen zusammen. Wie ein Kuchen. Neben einem Viertel Schwarzwälder Kirsch liegt ein Stück Rhabarberkuchen. Daneben ein

Stück Zwiebelkuchen. Apfelkuchen … Wir sind viele. Das ist normal und auch in Ordnung. Immer nur Schwarzwälder Kirsch, da verdirbt man sich schnell den Magen.
Die Teilpersönlichkeiten entstehen im Lauf des Lebens, weil wir uns an unterschiedliche Umgebungen anpassen. Wer von der Straße kommt und später auf die Uni geht, wird sich dort anders verhalten als zu Hause. Trotzdem ist auch der alte Teil noch da. Ein Kind, das sich daheim durchkämpfen muss, wird einen Persönlichkeitsteil entwickeln, der ab und zu kräftig auf den Tisch haut. Derselbe Mensch entwickelt später vielleicht aber auch eine weiche, schüchterne Seite. In der Persönlichkeits-WG finden sich so nach und nach verschiedene Bewohner zusammen, die irgendwie miteinander klarkommen müssen: Manche sind sympathisch, andere machen einem das Leben schwer, weil sie eher kontraproduktiv sind. Sie waren früher vielleicht mal sinnvoll, sind es heute aber nicht mehr. Sie putzen uns herunter, sind aggressiv oder verstecken sich. Zeit, sie von Feinden wieder zu Verbündeten zu machen.

WER IST DER QUÄLGEIST?

Stelle dir vor, die Stimme, die dich sabotiert, würde einem Wesen gehören, das in deinem Kopf zu Besuch ist. Das stimmt natürlich nicht, aber vorstellen darf man sich ja alles. Suche eine Gestalt, die perfekt zu dem Quälgeist passt, so wie du es auf Seite 48 mit deiner inneren Weisheit gemacht hast. Nur geht es jetzt eben um die ständig nörgelnde Gouvernante, der man nichts recht machen kann. Um den Flaschengeist, der dich immer wieder ans Weinregal treibt. Den dicken roten Kater auf deinem Sofa, der tausend Gründe hat, warum Sport jetzt keine gute Idee ist. Den stets unzufriedenen Quengler. Die folgenden Fragen helfen dir, das passende Bild zu finden.

Wanted!
Dein Quälgeist!

→ *Ist es jemand Männliches oder Weibliches?* ....

→ *Ein Mensch, ein magisches Wesen oder eine Comicfigur?* ......

....

→ *Wie ist die Figur, wie sind die Haare?* ....

....

→ *Ist er/sie/es gepflegt? Dick oder dünn?* ....

→ *Groß oder klein?* ....

→ *Wie alt?* ....

→ *Wie ist dieses Wesen gekleidet?* ....

→ *Wie genau sieht er/sie/es aus?* ....

→ *Trägt er/sie/es etwas Besonderes?*
Einen Hut zum Beispiel, eine Brille oder Schmuck? ....

....

→ *Wenn du mit ihm oder ihr kommunizierst: Kommen Worte zurück oder weißt du die Antwort einfach tief im Innern?* ......

....

Mein Quälgeist

Hast du ein Bild von diesem Wesen? Wenn ja, klebe es auf diese Seite oder zeichne oder male es hier auf.

WAS WILL DAS DING?

Am liebsten möchte man den Quälgeist ja sofort loswerden. Erkennen, verhaften, rauswerfen. Tschaka! Peng! Thema erledigt! Gehe davor in deiner Vorstellung aber noch einmal mit ihm ins Gespräch. Frage ihn: »Gibt es etwas Gutes, das du für mich tust?« Vielleicht sorgt der innere Faulenzer, der dich so oft vom Sport abhält, ja dafür, dass du dir mal eine Pause gönnst – und übertreibt es dabei nur ein bisschen. Vielleicht will die strenge Gouvernante, dass du dich mehr für deine Ziele einsetzt. Auch das kann gut gemeint sein. Nimm es wahr und schätze es wert. Bedanke dich bei deinem Quälgeist für die gute Absicht und die jahrelange Arbeit – und teile ihm dann mit, dass du ab sofort etwas ändern möchtest, damit die gute Absicht dir auch tatsächlich zugutekommt. Ohne Groll und Gram. Freundlich, aber bestimmt. Sorge dann künftig selbst dafür, mal eine Pause zu machen. Setze dich für deine Ziele ein, damit dein Quälgeist merkt: Okay, ich kann mich zurücklehnen. Er oder sie hat's kapiert.

BEWUSSTSEIN SCHAFFT KONTROLLE

Unbewusste Saboteure können am besten sabotieren, solange du nichts von ihnen weißt. Das ist nun anders. Sicher werden sich die alten Gedanken trotzdem noch ab und zu melden. Dann denke an deinen Saboteur und sage ihm freundlich: »Ich hab's gehört. Aber jetzt mache ich was anderes. Ich ziehe die Sportschuhe an und setze mich danach aufs Sofa. Ich lasse die Kekse zu und esse stattdessen eine Mandarine. Ich lasse mich nicht hängen, aber lege mich heute Abend trotzdem einfach mal vor den Fernseher, statt noch zu arbeiten.«

DON'T FORGET: DIE HILFREICHEN

Wir haben jetzt viel über fiese Gedanken geredet. Aber es gibt auch die hilfreichen, die kreativen und glücklichen Gedanken.

Dein Hirn tut manchmal genau das Richtige. Es erinnert dich an deine Träume und dein tiefes inneres Selbst, an das, was wirklich wichtig ist. Diese Gedanken meinen es gut. Sie wollen dir helfen, dich an etwas zu erinnern. Allerdings kommen sie in der Geschäftigkeit des Tages oft nicht bis zum Bewusstsein durch. Stattdessen wabern sie ungehört in der Tiefe. Sobald du aber zur Ruhe kommst, tauchen sie auf. In der Zigarettenpause während der Arbeit. Im Bus oder in der U-Bahn auf dem Heimweg. Direkt vor dem Einschlafen. Manchmal wecken sie dich auch mitten in der Nacht auf – und lassen dich nicht mehr schlafen …

Das Blöde dabei: Genau dann kannst du gar nichts tun. Was hilft es, im Bus zu wissen, dass du die Kakteen umpflanzen wolltest? Das geht frühestens am Wochenende. Aber bis dahin ist es längst schon wieder vergessen …

Damit das nicht mehr passiert, kannst du alles Wichtige, das dich sonst zu unmöglichen Zeiten heimsucht, in den externen Speicher schieben – auf die nun folgenden Listen. Die Konsequenz: himmlische innere Ruhe und friedlicher Schlaf. Damit du die Listen jederzeit aktualisieren kannst, findest du sie auch in den Downloads (siehe Seite 95).

Externer Speicher

→ *Wem willst du etwas Wichtiges sagen?*

....

....

....

....

→ *Wem willst du schon lange mal Danke sagen?*

....

....

....

....

→ *Worum möchtest du dich kümmern?*

....

....

....

....

....

Externer Speicher

→ *Bei wem willst du dich schon lange melden?*

→ *Was willst du zu Hause entrümpeln?*

→ *Was hast du bisher immer wieder vergessen, obwohl es wichtig ist?*

DEINE DIAMANTEN-SCHATZKISTE

Deine Seele ist voller Schätze. Und auch deine Gedanken sind es. Du wirst es mehr und mehr bemerken, denn du bekommst ja immer mehr Platz für gute, hilfreiche Gedanken.

Für genau solche Gedanken, die das Glück anziehen und dich in jeder Hinsicht reicher machen, sind die folgenden Checklisten gedacht. Du kannst in sie alles schreiben, was an Wertvollem auftaucht. Mit jedem Wort machst du dir selbst ein Geschenk und sorgst dafür, dass deine Gedanken die Zukunft positiv prägen. Es ist wie Magie. Du hast es in der Hand.
Die nächsten Seiten bieten Platz für Projekte, die du noch angehen, Orte, die du besuchen, und Menschen, die du kennenlernen möchtest. Sei dabei ganz mutig! Du träumst davon, mit Barack Obama zu diskutieren? Schreibe es auf. Aber lass es nicht dabei. Frage künftig alle Leute, die du triffst, ob sie dir helfen können. Die meisten werden lachen. Aber früher oder später wird jemand dabei sein, der einen interessanten Kontakt hat. Bleibe dran, bis du es geschafft hast. Wenn auf deiner Liste Bulgarien steht, fahre möglichst bald hin. Und nicht nach Kreta, nur weil das einfacher zu organisieren ist. Träume für später sind immer nur dann gut, wenn du sie auch verfolgst. Sonst werden sie zu Unzufriedenheit und Sorgen. Überlege also gut, was du aufschreibst. Du schaffst dir damit eine Quelle der Inspiration, die dich immer gut leitet.

Schöne Pläne für später und Projekte, die ich später einmal angehen möchte

....

....

....

....

....

....

....

....

....

....

....

....

....

Menschen, die ich liebe und denen ich etwas bedeute

Auch Menschen, die nicht mehr leben, dürfen auf diese Liste.

....

....

....

....

....

....

....

....

....

....

....

....

Was ich alles gut kann

....

....

....

....

....

....

....

....

....

....

....

....

....

....

(mindestens 20 Punkte)

Schöne, wohltuende Gedanken

Schreibe hier diejenigen Gedanken auf, die spontan im Alltag auftauchen und dich glücklich machen. Du kannst sie außerdem auf Post-its schreiben und diese dann überall in deiner Wohnung verteilen, zum Beispiel am Badezimmerspiegel.

....

....

....

....

....

....

....

....

....

....

....

....

DIAMANTEN-CHECKLISTE FÜR JEDEN TAG

Schreibe jeden Abend fünf Dinge auf, die deinen Tag reich und wertvoll gemacht haben. Sie sind deine Diamanten. Dabei kann alles Mögliche ein Diamant sein, zum Beispiel:

- ein glücklicher Moment,
- etwas, worauf du stolz bist,
- etwas, das du gut gemacht hast,
- etwas, womit du jemandem eine Freude gemacht hast,
- etwas, das du endlich angegangen bist,
- etwas, womit dich jemand anderes unterstützt oder er dir eine Freude gemacht hat,
- etwas, wobei du jemand anderen unterstützt oder ihm eine Freude gemacht hast, oder
- wenn du einfach Glück hattest.

Du wirst sehen: Auch an Tagen, die schwierig waren, gibt es genug Diamanten. Der Mann, der dich an der Supermarktkasse vorgelassen hat, als du zu spät dran warst. Der freie Parkplatz. Dass dir jemand einen Tee gekocht hat, als du krank im Bett lagst. Diese Übung ist daher eine meiner liebsten. Denn sie sorgt dafür, dass das Leben plötzlich eine andere, freundlichere Tönung bekommt!

Je entschlossener du Diamanten sammelst, umso heller wird deine Gedankenwelt.

Meine Diamanten am …………

→ ……………………………………………………………

……………………………………………………………

……………………………………………………………

→ ……………………………………………………………

……………………………………………………………

……………………………………………………………

→ ……………………………………………………………

……………………………………………………………

……………………………………………………………

→ ……………………………………………………………

……………………………………………………………

……………………………………………………………

→ ……………………………………………………………

……………………………………………………………

……………………………………………………………

ES GEHT NOCH WEITER

Zum Schluss erfährst du noch, wie ein Leben mit einem aufgeräumten Kopf auf Dauer klappt.

Vom Haushalt wissen wir: Einmal sauber machen reicht nicht für alle Ewigkeit. Wir müssen immer mal wieder den Staubsauger in die Hand nehmen und damit die Staubmäuse unter dem Sofa rausholen, damit es wohnlich und gemütlich bleibt. Wie Staubmäuse bilden sich auch immer mal wieder neue Gedankengewohnheiten, die du nicht eingeladen hast. Wenn du in Ruhe überlegst, was dir in diesem Buch am meisten geholfen hat, weißt du, was du künftig tun kannst. Schreib es hier auf. Dann wird der freie Kopf zum Normalzustand.

Diese Tipps haben mir am besten geholfen

→ ....

→ ....

→ ....

→ ....

→ ....

SCHAFFE NEUE GUTE GEWOHNHEITEN

Du hast gemerkt, dass das Beobachten von Gedanken dir hilft, sie zu entmachten? Dann nimm dir jeden Tag fünf Minuten Zeit, in denen du genau das tust. Hat dir die Zwiesprache mit einem inneren Quälgeist einen Helfer verschafft, wo bisher ein Saboteur gewohnt hat? Dann schaue jeden Morgen beim Aufwachen, wie es ihm geht und welche guten Pläne ihr für den kommenden Tag schmieden könnt, damit der Quälgeist erst gar nicht wieder auf dumme Gedanken kommt. Du fühlst dich befreit, wenn du eine Checkliste geschrieben hast, damit du dich auch wirklich an alles Wichtige erinnerst? Prima, arbeite weiterhin damit! Du fühlst dich nach der Meditation ganz klar im Kopf? Höre sie weiterhin regelmäßig. Du sammelst gern Diamanten? Tu es! Die nächsten Wochen sind entscheidend. Mache es dir möglichst leicht.

Es geht darum, die ersten Wochen der neuen Gewohnheiten so zu planen, dass sie Teil deines Lebens werden. Doch genau das ist nicht so einfach, denn noch sind es ja keine Gewohnheiten. Wenn du zum Beispiel morgens joggen gehen möchtest, kann es helfen, die ersten Nächte in den Joggingklamotten zu schlafen, damit du dich beim Aufwachen direkt erinnerst und weniger Anschubenergie brauchst. Wenn dann noch die Schuhe direkt vor der Tür stehen und der Wecker mit einer neuen Melodie »klingelt«, vielleicht mit einem Song, der beim Laufen hilft, ist es noch mal einfacher. Nach zwölf Wochen ist die neue Gewohnheit dann fest installiert und du kannst gar nicht mehr anders.

Dasselbe Prinzip lässt sich auch wundervoll auf die Gedankenwelt übertragen. Du kannst beispielsweise überall in der

Wohnung kleine »Erinner-Michs« platzieren: Dein innerer Helfer auf einem Post-it und am Computerbildschirm, dieses Buch direkt neben deinem Bett auf dem Nachttisch oder auf dem Tisch im Esszimmer. Stelle den Timer auf deinem Handy, damit es zu der Uhrzeit, wo du deine Gedanken achtsam beobachten möchtest, »Pling« macht. Lege dein Diamanten-Tagebuch morgens beim Bettenmachen auf das Kopfkissen – und den Stift gleich dazu. Blockiere im Kalender feste Zeiten für deine Checklisten. Wenn du das gerne mit einem Kaffee kombinieren möchtest, gehe dazu in dein Lieblingscafé. Zum Beispiel immer mittwochs in der Mittagspause. Diese Zeiten sind heilig, nichts und niemand darf daran rütteln.
Du kannst auch einen lieben Menschen bitten, dich täglich per WhatsApp zu erinnern. Du kannst eine Wette mit jemandem eingehen, dass du es durchziehen wirst. Oder dir ein Team von Freundinnen zusammenstellen, von denen jede täglich in die Gruppe schreibt, was sie getan hat.
Du wirst sehen: Auch hier ist die neue Gewohnheit nach zwölf Wochen felsenfest in dir verankert und hilft dir, das Richtige zu tun. Du brauchst dann keine Energie mehr dafür. Es passiert von allein. Für ein freies, leichteres Leben, guten Schlaf und die Konzentration auf das, was wirklich wichtig ist.
Es ist deine Zukunft. Deine Entscheidung für das Leben, das du wirklich leben willst. Deine Energie für die richtigen Dinge und die wichtigen Gedanken – nicht für das Gerümpel aus der Vergangenheit. Es sind ein paar kleine Schritte für eine riesige Wirkung. Es lohnt sich. Du bist es wert. Du kannst es tun. Heute. Jetzt.
Ich weiß, dass es funktioniert. Und bin sicher, dass ein Weg voller glücklicher Momente auf dich wartet. Du bist dabei. Das ist gut. Bleib dran! Alles Gute dabei. See you!

ZUM WEITERLESEN

Beyer, Dieter: *Menschen gewinnen.* 2019, Eigenverlag

Bohne, Dr. Michael: *Feng Shui gegen das Gerümpel im Kopf.* Rowohlt Taschenbuch, Hamburg

Ende, Michael: *Jim Knopf und Lukas der Lokomotivführer.* Thienemann-Esslinger Verlag, Stuttgart

Fritzsche, Kai/Woltemade, Hartman: *Einführung in die Ego-State-Therapie.* Carl Auer Verlag, Heidelberg

Precht, Anke: *Jetzt stark werden!* GRÄFE UND UNZER Verlag, München. (E-Book)

Precht, Anke: *Wie strick ich mir ein dickes Fell. Das Workbook für Frauen.* TRIAS, Stuttgart

Wangerin, Imke: *Stressfrei. Mein Übungsbuch für mehr Gelassenheit & Entspannung.* GRÄFE UND UNZER Verlag, München.

KONTAKT ZUR AUTORIN

anke@ankeprecht.de
www.ankeprecht.de
Facebook: facebook.com/ankeprechtpsychologie/
Instagram: psy_ankeprecht

DOWNLOADS

Auf meiner Webseite (www.ankeprecht.de/downloads) findest du Downloads für:

- Mein 60-Sekunden-Gedankenprotokoll (siehe Seite 8)
- Hypnose zum Loslassen von Gedanken (siehe Seite 13)
- Realitätscheck für Sorgen (siehe Seite 22)
- Das fantastische Dankbarkeits-Trainingscamp (siehe Seite 37)
- Freunde fürs Glück (siehe Seite 71)
- Externe Speicher (siehe Seite 80) und die
- Diamanten-Checkliste für jeden Tag (siehe Seite 89)

DANK

Matthias hat mir wieder seine wunderbare Wohnung über den Dächern von Barcelona zum Schreiben geöffnet. Andreas hat mir bei technischen Fragen geholfen und durch seine geduldige Aufmerksamkeit einige Schnitzer ausgemerzt. Alle, die jetzt noch übrig sind, gehen natürlich allein auf meine Kappe. Anne Lang und Carl-Josef Sittig haben mit ihren Fragen die Schuldgefühldeponie verbessert. Der Gräfe und Unzer Verlag, Petra Bradatsch und Anja Schmidt haben an das Projekt geglaubt und es unterstützt, bis alles gepasst hat. Und letztlich hat meine Lektorin Sylvie Hinderberger dem Text den Schliff gegeben. Ihnen allen danke ich von ganzem Herzen!

IMPRESSUM

Projektleitung:
Anja Schmidt,
Sylvie Hinderberger
Lektorat:
Sylvie Hinderberger
Bildredaktion:
Simone Hoffmann
Umschlaggestaltung und Layout:
independent Medien-Design, Horst Moser, München
Herstellung:
Markus Plötz
Satz:
Christopher Hammond
Repro: Ludwig Media, Zell am See
Druck und Bindung:
DZS Grafik d.o.o.

ISBN 978-3-8338-7523-6

1. Auflage 2020

GRÄFE UND UNZER

Ein Unternehmen der
GANSKE VERLAGSGRUPPE

Bildnachweis
Cover:
Okapia, iStockphoto
Illustrationen:
Felicitas Horstschäfer, Berlin
Weitere Bilder:
Shutterstock: S. 19.

Syndication:
www.seasons.agency

Wichtiger Hinweis
Die Informationen, Methoden und Ratschläge in diesem Buch stellen die Meinung bzw. Erfahrung der Autorin dar. Sie wurden von dieser nach bestem Wissen erstellt und mit größtmöglicher Sorgfalt geprüft. Sie bieten jedoch keinen Ersatz für persönlichen kompetenten medizinischen Rat. Jede Leserin, jeder Leser ist für das eigene Tun und Lassen auch weiterhin selbst verantwortlich. Weder die Autorin noch der Verlag können für eventuelle Nachteile oder Schäden, die aus den im Buch gegebenen praktischen Hinweisen resultieren, eine Haftung übernehmen. Aus Gründen der besseren Lesbarkeit haben wir in diesem Buch keine geschlechtergerechte Schreibweise, sondern die weibliche und männliche Form verwendet. Dabei gelten sämtliche Personenbezeichnungen gleichermaßen für alle Geschlechter.

KONTAKT
GRÄFE UND UNZER VERLAG
Leserservice
Postfach 86 03 13
81630 München
E-Mail: leserservice@graefe-und-unzer.de

Telefon: 00800 / 72 37 33 33*
Telefax: 00800 / 50 12 05 44*
Mo–Do: 9.00–17.00 Uhr
Fr: 9.00–16.00 Uhr
(*gebührenfrei in D,A,CH)

Die GU-Homepage finden Sie im Internet unter www.gu.de

Umwelthinweis:
Dieses Buch ist auf PEFC-zertifiziertem Papier aus nachhaltiger Waldwirtschaft gedruckt.

www.facebook.com/gu.verlag